# 科学超入门

## 气体

气体，一起漫游太阳系！

[韩] 田和英 著

[韩] 五智贤 绘

陈琳　胡利强　许明月 译

化学工业出版社

北京·

**4**

　　托马斯是个聪明伶俐的孩子，上课时总喜欢问些稀奇古怪的问题。就连看到天空中飞翔的小鸟，他都会问："为什么人不会飞呢？"有一天，托马斯正在读一本关于气球的书，他突然冒出一个念头。

　　"对了，如果人的身体里装满气体，不就会飞了吗？"

　　于是，托马斯和朋友迈克就吃了许多能产生大量气体的豆粉，因为他们认为肚子里装满气体，人的身体就会像气球一样飘浮起来。可是，迈克非但没能飞起来，还由于吃了太多豆粉，肚子疼得在地上直打滚。为此，托马斯被爸爸狠狠地教训了一顿。这个淘气的托马斯是谁呢？他就是赫赫有名的发明大王爱迪生。

　　我们每个人都知道，气球充满气后就会飞上天空。那么，气体到底是什么呢？

气体是看不见、摸不着的，而且非常轻。我们呼吸时所需的空气、寒冷的风、冒着泡沫的可乐等，都含有气体。世界上有各种各样的气体，人类所了解的只是其中的一小部分。有些气体对我们是有益的，有些气体则含有毒性。如果我们不了解气体的性质，就制造不出热气球，也喝不到刺激的可乐了。

在本书中，一位于 2115 年从冷冻状态中苏醒的 13 岁少年张英实将给我们讲述关于气体的故事。也许你会问：13 岁的孩子能给我们讲解气体的知识吗？他又不是学校的老师。那么，就让我们一起进入未来世界，看个究竟吧！准备好了吗？现在出发！呼——

又及：在我撰写这本书的过程中，我的女儿多恩和我一起阅读，为结尾提供了灵感，我的丈夫也对我的写作给予了积极的帮助，谨以此书向他们表示感谢。

田和英

# |目|录|

**公元 2115 年 9 月 15 日**

你好！我叫英实。

我是圭丽。

# 公元2115年 9月15日

你好！我叫张英实，今年13岁。我生病了，住在医院里接受治疗。住院的日子真无聊，有一天，我缠着爸爸要出院，不知不觉就睡着了。第二天早上睁开眼睛，我发现爸爸不在身边，一个自称是崔博士的人一个劲地冲着我叫曾爷爷。这到底是怎么回事呢？

崔博士所说的话让我目瞪口呆。他告诉我，100年前的医学技术无法治愈我得的病，于是，我被冷冻起来，过了整整100年以后才苏醒过来。这一天是公元2115年9月15日。爸爸和圭丽姐姐都早已经去世了，崔博士是圭丽姐姐的曾孙，也就相当于是我的曾孙，所以管我叫曾祖父。世界上竟然还有这么神奇的事情！听说爸爸不在了，我伤心地大哭了一场。我的妈妈早就离开了人世，是爸爸把我从小带大的。

一想到从今天起就要在这个举目无亲的世界上生活，我的心情怎么也好不起来。有一天，住在我隔壁病房的一个女孩跑来找我玩，她叫圭丽。原来她也是被冷冻了很久很久，一个月前才醒过来。我们很快就成了好朋友。她和我的姐姐同名，长得也有点像，我马上就喜欢上了她。有了圭丽的陪伴，我渐渐地忘记了忧伤。

　　有一天，崔博士说我可以出院了，还把我带到他的家里住下了。由于时间太匆忙，我没来得及和圭丽道别，心里很惋惜。但崔博士说，以后我还会再遇到她的。圭丽可是我从冷冻状态苏醒过来以后结交的第一个朋友呢……

　　第二天一早，我下楼去吃早饭，却看到圭丽坐在饭桌旁，不由大吃一惊。崔博士向我解释说，圭丽是他养育的机器人，他把她当成自己的女儿一样疼爱。圭丽是个"类人机器人"（humanoid），能像人类一样思考、感受。我决定从明天开始，和圭丽一起到处走走看看，进行适应新时代的训练。

虽然科学有了很大的进步，但有一件事情却依然没有改变，那就是从今天起我得和家庭教师一起学习。崔博士说，尽管科学日新月异地发展，但基础知识几乎是不变的。既然我的梦想是成为科学家，就要从基础开始，认真学习科学知识。唉，未来社会也得学习啊！对了，我的老师会是个什么样的人呢？

### 第一天

英实正在自己的房间里，突然响起了敲门声。

"请进！"

英实盼望着进来一位美丽的女老师，没想到来人却是圭丽。

"圭丽，怎么是你？你是老师吗？"

"圭丽？我不叫圭丽。"

她的外貌同圭丽一模一样，声音却是陌生的。

"哦！你们声音不一样。"

"我是专门负责教学的 T-3000 型机器人。我能按照使用者的意愿改变容貌。请按我身上的按钮选择您喜欢的形象。"

哈，简直太满意了！

怎么样，你还满意吗？

　　英实仔细一看，T-3000 型机器人的上身是触摸屏，上面装着几个按钮。英实选择了自己在 21 世纪最喜欢的演员李罗英。于是，同圭丽长得一模一样的 T-3000 型机器人马上就变成了李罗英的模样。英实感到非常满意。

　　正式开始上课了。

### 📖 第一课

　　"今天我们学习的主题是空气。"

　　"好！"

　　"我要提问了。空气是什么？"

　　英实愣住了。空气这个词平时经常说，也知道是什么，但要用语言来表达，却似乎很困难。

"我知道空气是什么，但却说不上来。"

老师好像早就料到他会这么回答，微笑着望着他。

"大部分人都和你一样，一听到这样的提问，就把它想得很难。其实很简单，空气就是我们身边的气体。"

"对对，我正想这么说。"

老师笑着又问了一个问题。

"那么，你是怎么知道空气存在的呢？"

这个问题难不倒英实。

"我们在呼吸，能正常地呼吸氧气，说明空气是存在的。"

"对。我们都知道，我们身边有空气，空气中含有氧气。那么，你知道古代的人们是如何知道空气存在的吗？"

"嗯，这个嘛……"

"你做过风车吧？是什么力量使风车转动起来的呢？"

英实想起了自己小时候，把彩纸折叠后粘在木棒上做成漂亮的风车，使劲往前跑，风车就会飞快地转起来，漂亮极了。

"当然是风了。"

"很好。那么，风是什么呢？"

"嗯……不是很清楚，是不是运动的空气呢？"

"对！空气的流动就形成了风。微风、大风，都是流动的空气。空气看不见、闻不到，但通过风，我们能够感受到空气的流动。所以古代的人们也知道空气的存在。而且他们还知道空气是有重量的。"

　　空气还有重量？英实愣住了。如果空气有重量，我们应该有被空气挤压的感觉才对呀！

　　"空气有重量吗？那为什么人没有感觉呢？"

　　"空气当然是有重量的。但我们从一出生开始就适应了有空气的环境，所以感觉不到空气的重量。"

　　"那怎么知道空气有重量呢？"

　　"这个问题问得好。我们来看看这幅图吧！"

"把两只重量相等的气球吹到同样大小，分别放在天平秤的两侧，放掉其中一只气球的气后，它所在的秤盘就会微微上翘。也就是说，有空气的气球比没有空气的气球重。怎么样，通过这个小实验，知道空气是有重量的了吧？"

"嗯，如果换个方法，把两只重量相同、没有吹气的气球放在天平秤的两侧后，再给其中一只气球吹气，也能得出相同的结论。"

"对，你真聪明！期待你以后的表现哦！"

"谢谢老师夸奖，我都不好意思了……其实我在科学方面还是有点天分的，从我的名字就能看出来。"

"哈哈！是吗？对了，你的名字是谁给起的？"

"我爸爸。英实是朝鲜时代一位科学家的名字。我姐姐的名字是模仿居里夫人的名字起的。"

"原来是这样。那你爸爸的名字呢？"

"我爸爸的名字是曾爷爷起的，叫李武善，是高丽时代一位著名科学家的名字。"

"呵，真了不起！对了，那崔若镛博士的名字有什么讲究吗？"

"那我就不知道了。我猜可能是模仿朝鲜时代发明了起重机的著名科学家丁若镛的名字吧！"

"你们这可是科学之家呀！"

"大概我们祖上有人是科学家吧！我也继承了这个基因，所以在科学方面有点天赋。"

"既然你这么说，那我就给你布置点作业吧！"

老师可真不客气，上课第一天就给英实留了作业：从第二天开始，和圭丽一起去行星探险。今天学的是空气，明天怎么就要去行星探险了呢？英实有点莫名其妙。但这样的作业，放在 21 世纪是完全无法想象的，他觉得又兴奋又好奇。看来崭新的人生要从此开始啦！

### 英实整理的笔记

1. 什么是空气：包围着地球的气体就叫空气。

2. 证明空气存在的证据：通过风，可以知道我们身边有空气存在。

3. 空气的重量：把充满气的沙滩排球和放了气的沙滩排球放在天平两侧，充满气的沙滩排球所在的一侧会下沉，由此可知空气是有重量的。

"英实，风好大呀！"

# 火热的行星
## ——水星

水星很热！

你好，太阳！

我又小、又轻、又热，没有大气。

🌑 **第二天**

"我们先去水星吧！"

圭丽坐在宇宙飞船的驾驶室里说。

英实突然胆怯起来。

"我们是要在水星上着陆吗？"

"当然了！"

"啊？这个……水星离太阳很近，会不会很热？"

"水星表面温度有 430℃，能不热吗？"

他们离开地球没有多久，就已经超过金星，快要抵达水星了。水星表面有许多凹凸不平的地方，看上去就像月球一样。过了一会儿，宇宙飞船轻轻降落在水星表面。

"这是特殊耐热服，快穿上吧！"

英实穿上圭丽递过来的耐热服。这衣服看上去又轻又软，能抵御水星表面的热气吗？穿好衣服后，他又戴上头盔，正想走出飞船，圭丽抓住了他的肩膀。

"着什么急呀？还得背上氧气筒呢！"

"啊？水星上没有空气吗？"

"是啊！一点空气都没有。"

"为什么？地球上有空气，为什么水星上没有？"

"英实，你知道空气是什么吗？"

"怎么啦？你是不是太小看我了？空气就是包围着地球的气体啊！"

想到昨天和老师一起学的内容，英实非常自信地回答。

"对。围绕地球的气体叫做空气，那水星上怎么会有空气呢？更准确的表达是：水星上没有大气。"

"啊！对。"

"好。现在你告诉我，为什么水星上没有大气？"

"嗯，这个嘛……"

这个问题昨天没有学过，英实不由慌了神。

"唉！我就知道会这样。你仔细想想，水星是不是离太阳很近、很热？"

圭丽提示他。

是很热呀！那又怎么了？英实还是迷惑不解。

圭丽继续说："温度很高的话，气体会怎么样呢？"

"气体会消失吗？"

"差不多是这个意思。水星又小、又轻、又热，所以没有大气。你还是不太明白吧？待会儿回去问老师吧！"

"好吧！"

"现在我们出去吧！不过，可能没什么好玩的，水星太热，并不是游玩的好去处。"

英实这下知道了，水星上没有大气，无法呼吸，所以必须配备氧气瓶。他背上氧气瓶，走出宇宙飞船。眼前的太阳比在地球上看的时候显得大多了，光芒四射。正如圭丽所说，水星显得十分荒凉，一点也不好玩。他马上回到宇宙飞船里。

"唉，没意思，我们回家吧！"

他们的第一次行星探险就这么索然无味地结束了。

### 📖 第二课

美丽的李罗英老师正在英实的房间里等他。

"英实，你们第一次行星探险去了哪儿？"

"我们去水星了。"

"觉得怎么样？"

"那里荒凉得很，而且还很热。"

"那你学到了些什么没有？"

"我听说水星上没有大气。"

"那你知道不知道水星上为什么没有大气呢？"

"圭丽没有细说，只说水星离太阳太近，比地球热，所以没有大气。至于具体的原因，她让我来问老师。"

说完，英实用求助的目光望着老师，但老师显然并没有打算马上告诉他原因。

"英实，你见过热气球吗？"

"当然，我还自己做过热气球呢！"

"是这样吗？"

老师话音刚落，墙壁上就出现了画面，是以前英实在科学实验室里制作热气球的场景。

将铜线系在塑料袋口，铜线中间包一团浸过酒精的棉花，点燃棉花后，塑料袋就会逐渐膨胀起来，像热气球一样慢慢地升上天空。当时老师说可以在塑料袋上写上自己想说的话，英实就写了"圭丽姐姐是笨蛋"几个字。

英实望着墙壁上的画面直发呆。老师微笑着说："你还记得塑料袋是如何飞起来的吗？"

"当然记得。把蘸过酒精的棉花点燃，捏住塑料袋的两个角，等塑料袋膨胀到一定大小时把手松开，塑料袋就会飞起来了。"

　　"对，是这样。那你知道塑料袋为什么会膨胀吗？"

　　"嗯，是不是因为塑料袋里面的空气变得越来越热的缘故呢？"

　　"对。我们再说说根本性的原理。空气即气体受热以后，体积为什么会扩大呢？"

　　"老师，这我可就不知道了，太难了。"

　　"这个问题对你来说可能真的是太难了。不过，其实原因非常简单。"

　　老师看起来似乎有些为难。看得出来，她在思索怎样用简单的语言来解释这个问题。

　　"这么说吧！气体是由分子构成的。你知道什么是分子吧？"

　　"嗯，知道。"

　　"构成气体的分子并不是静止不动的，而是不停地在运动，就像关在鸟笼里的小鸟一样。"

　　英实眼前出现了鸟笼里的小鸟不停地扑腾着翅膀，试图挣脱束缚、飞出笼外的情景。分子的运动可能就像小鸟四处乱飞乱撞的样子。

　　老师接着说："不过，分子的运动需要能量。"

"您的意思是说，气体受热以后，能量就会增加吗？"

"非常正确。"

英实逐渐找到感觉了。

"受热后能量增加，气体的分子就运动得更为活跃，使气体的体积增大？"

"对啦，你可真了不起！气体的体积增大，塑料袋发生膨胀，袋里的空气变得比外面的空气更轻，所以就飞起来了。"

"原来是这样，现在我总算明白热气球会飞的原因了。"

看到英实一点就通，老师露出满意的神情。

英实心里想：今天的学习是不是到此结束了？

没想到老师紧接着又问："你知道世界上第一个热气球是谁制造的吗？我提示一下，是一对非常有名的兄弟。"

英实非常自信地回答：
"那当然是莱特兄弟了。"

老师好像早就料到英实会这么回答，笑着说："莱特兄弟发明的是飞机，而不是热气球。"

"啊，对了！那我就不知道热气球是谁发明的了。"

这时，墙壁上再次出现了画面。

"原来不是莱特兄弟，而是蒙戈尔菲耶兄弟。"英实说。

"是的。法国人一直为此而自豪。好了，我们来总结一下今天学习的内容吧！现在你明白水星上为什么没有大气了吗？"

"水星太热了，气体分子无法聚集在水星的周围，都飞走了，所以水星上没有大气。"

"对。今天我们就学到这里，你比我想象的要聪明！"

"这有什么？嘻嘻！"

那天晚上，英实做了一个梦，梦见自己乘坐热气球在天空中飞翔，突然热气球破了，他一下子从天上掉了下来。

"啊——救命啊！"

### 英实整理的笔记

1. 温度与气体的体积：温度升高，气体体积增大；温度降低，气体体积缩小。

2. 验证温度与体积的关系：

- 给充满空气的塑料袋加热，塑料袋就会膨胀。
  → 热气球

- 把瘪了的乒乓球放进热水中，乒乓球会重新鼓起来。

- 夏天要给自行车轮胎放掉一点气，冬天要多打一点气。

呵，他们在漫游太阳系呢。

### 🚀 第三天

次日，英实和圭丽又坐上了宇宙飞船。

"今天我们去哪个行星呢？"

"这是你来决定的吧？"

"昨天听我的，去了水星。今天你想去哪儿，我们就去哪儿。"

"能乘坐飞船漫游宇宙，实在太酷了，我想先周游一下整个太阳系。"

"好主意，那今天我们就去漫游太阳系吧！"

他们经过闪闪发亮的金星、蓝宝石一般的地球、红色的火星，又观赏了拥有许多卫星的巨大木星、有着美丽光环的土星、冰冷的天王星和海王星……不知不觉，天色已晚，他们玩了一整天，又累又饿。

"我肚子饿了，我们吃饭吧！"

"我不要紧，你自己到那边机器上选菜谱吃吧！"

英实这才想起来，圭丽是机器人，不需要吃饭。

他走到圭丽手指的机器旁边，查看起菜单来。

"拌饭、炸鱼片，菜单怎么这样啊？"

"怎么了？"

"只有拌饭和炸鱼片，这两样我都不爱吃。"

"宇宙飞船上不能随便吃东西，没办法。"

"为什么？"

"因为我们会比在地球上放更多的屁。"

"真的吗？那是为什么呢？"

"宇宙飞船内部比地面气压低，如果我们的肚子里有气，肚子会涨得很大，更容易放屁。"

"这跟食物的种类有什么关系呢？"

"傻瓜，你想一想，我们吃了东西就要消化，肚子里会产生气体，如果吃那些容易产生大量气体的食物，情况就严重了。"

听了圭丽的解释，英实这才知道为什么宇宙飞船的机器上只提供拌饭和炸鱼片两种食物。

他心里想：这可真像飞机上提供的餐食呀！坐飞机时，一般也只吃这两种东西。

英实放弃了期待，选择了拌饭。

### 第三课

"今天你去哪儿了？"

"我坐了一整天宇宙飞船，游遍了整个太阳系。"

"那今天学到了什么呢？"

"在宇宙飞船上不能随便吃东西。"

"是吗？为什么不能随便吃东西？"

"因为会放更多的屁。"

"为什么会放更多的屁？"

"圭丽说，因为宇宙飞船内的压力比地面压力低，所以才会这样的。"

"宇宙飞船里的压力低，你可能已经有过类似的体会了。你以前坐过飞机吧？"

"当然。不久前我还去了加拿大的洛基山脉呢!哦,对了,不是不久前,是 100 年前。"

　　最后一次住院前,英实一家曾去加拿大洛基山脉旅行。那碧蓝的天空、秀丽的湖泊、壮观的冰河,他至今记忆犹新。

　　"在飞机上吃饭时,人们经常会感觉到肚子特别胀。"

　　"对。那到底是为什么呢?"

　　"那并不是因为大家坐飞机太兴奋了,而是有科学道理的。飞机在高空飞行,内部压力逐渐减小,如果说地面是 1 个大气压,那客舱内部大概是 0.6 ~ 0.7 个大气压。"

　　"有一次我带了一包饼干上飞机,拆开后发现饼干外面的包装袋鼓鼓的,是不是也是这个原因呢?"

　　"对。外部压力变小,我们肚子里的气体就会像饼干袋一样膨胀起来。"

　　"我们肚子里有气体吗?"

　　"当然。肚子里的气体主要是食物消化时产生的。根据食物种类不同,产生气体的量也不一样。"

　　"对。如果吃了大麦饭,就会放很多屁。"

"是的。所以机舱内一般不供应大麦饭这种会产生许多气体的食物。吃了这些东西，平时就很容易放屁，更别提在飞机上了，恐怕你得一直捂着鼻子才行。所以，研究飞机餐食的人在制作菜单时，会以那些不容易产生气体的食物为主。同飞机一样，宇宙飞船的内部气压较低，能吃的食物也是非常有限的。"

英实想起了他在宇宙飞船上吃的拌饭。原来是这样！比起圭丽，老师的讲解详细得多了。

"能在宇宙飞船里吃的食物很有限，原因归根到底是一个：外部气压变小时，腹内的气体就会膨胀。也就是说，压力减小，气体的体积会增大。"

"这话听起来有点深奥。"

"现在我要开始提问了。如果压力变大，气体的体积会怎么样呢？"

"老师，您太小看我了吧？压力减小，气体的体积增大，那么压力变大，气体的体积自然会缩小了。"

"对，压力增大时，气体体积缩小。气体体积随着压力的变化而变化的法则叫做'波义耳定律'。你知道这个定律是谁提出来的吗？"

"是不是波义耳？"

"反应真快！对，就是波义耳。他是一位非常有名的科学家，人品非常高尚。他出身于一个贵族家庭，从小就显露出与众不同的智慧与才能。小时候他去上学时，曾经被雷击了一下，后来他就有了独身主义信仰，终生独身，一心专注于科学研究。很了不起吧？"

听了老师的话，英实倒觉得波义耳真可怜。

为什么不结婚呢？大概是因为没有遇上像李罗英老师这样的人吧！

"我们来看看波义耳做气体实验时的情景吧！"

老师话音刚落，墙壁上又出现了画面。

"波义耳利用 J 型玻璃管和水银做了一个实验，验证了气体体积与压力之间的关系。波义耳定律可以用一个简单的数学公式来表示，但对于你来说可能还有点难，咱们以后再学习。波义耳通过实验发现：当压力增强到原先的两倍时，气体的体积会缩小一半；当压力增大到 3 倍时，气体的体积压缩到原先的 1/3。因此，他得出了'气体体积与压力成反比'的结论。你知道什么是反比吗？"

　　一听到和数学相关的术语，英实就开始觉得头疼了。

　　"这是数学内容，头疼。"

　　"不需要完全理解，但得有起码的认识，要知道其中的原理。"

　　"为什么气体的体积会随着压力的变化而改变呢？"

　　"液体和固体受到压力时，体积几乎不发生改变，但气体受压时体积会缩小。这说明，同固体、液体相比，气体有不同之处。是什么呢？"

　　"不知道。"

　　"比起固体和液体，气体分子的活动更为自由，分子之间的距离较大，也就是说，分子和分子之间有许多空间。所以，当外部压力施加到气体上时，这些空间就会被压缩，使得气体的体积发生变化。为了便于你理解，我来举个例子。想想我们睡觉时用的枕头。根据材质不同，有的枕头蓬松柔软，容易被压扁有的枕头较硬，不容易被压扁。液体和固体就好比是硬枕头，气体就是软枕头。"

这么一说，英实好像有点懂了。

"老师，我差不多明白了。"

"好，那么我们下课吧，晚安！"

## 英实整理的笔记

1. 气体受到压力时的体积变化：**压力增大，气体体积缩小；压力变小，气体体积增大。**
   →波义耳定律

2. 验证压力与气体体积的关系：
   - 用力挤压充满空气的塑料袋，袋子会缩小。
   - 拉动活塞至针管末端，使针管里充满空气。用一个手指堵住针管的下端开口，另一只手按压活塞，活塞会在针管中向前移动；松开手，活塞会慢慢恢复到原来的位置。
   - 在塑料瓶里装满水，盖紧瓶盖，横放在桌子上，用手按压瓶子，瓶子里的气泡会变小；松开手，气泡恢复原状。

按压

啊呀，好挤，我们缩小一下吧！

# 金星，美丽的维纳斯

谁说我是汽水行星？我只是多了点二氧化碳而已！

### 第四天

这一天，英实和圭丽乘坐宇宙飞船飞向金星。

"昨天周游了太阳系，从今天开始，我们一个一个地访问行星吧！"

"好的。"

从宇宙飞船往外看去，金星比荒凉的水星漂亮多了。不知道是不是因为金星上有许多大气的缘故，显得云雾笼罩。

"看来这里大气很多呀！"

"对！金星上有许多大气，但和地球上的空气不一样。"

"怎么不一样？"

"你看看仪表盘，上面已经显示金星的大气成分了。"

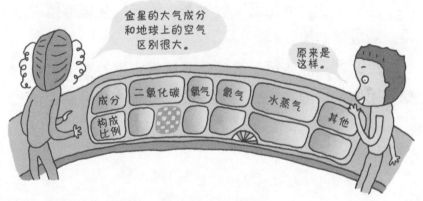

"呵！这儿几乎全是二氧化碳。"

"是啊！金星大气的主要成分就是二氧化碳。"

一说到二氧化碳，英实就想起了凉爽而又刺激的碳酸饮料。他隐约记得，把二氧化碳溶解在糖水里，就能得到碳酸饮料。

"哇！那这里制造汽水可太方便了。"

"你就知道吃。也难怪，男孩就喜欢碳酸饮料。古代的人们也曾经以为金星是一片由汽水组成的海洋。"

"就知道吃怎么了？老是说我。"英实嘟哝着。

圭丽并没有接他的话茬，而是接着又问："你知道是谁发现二氧化碳溶解在水里，会带来美妙的口感吗？"

英实被问住了："这我可不知道。"

"是普利斯特里。这个名字可得记住了，他做了许多关于气体的实验和研究。"

"普利斯特里？名字可真奇怪。那他到底是怎么做出二氧化碳来的呢？"

圭丽说："他把酒发酵时产生的二氧化碳溶解在水中，制成了碳酸饮料。"

英实想：怎么把二氧化碳溶解在水里？我见过盐、糖等固体在水里融化，可从来没见过气体会溶解呢！

"二氧化碳能溶于水吗？"

"在气体里，二氧化碳的溶解度是相当好的。"

"气体也会溶解于水，真稀奇。"

"英实，你有时候真的很笨，你想想，如果氧气不能溶解在水里，那大海里的鱼该怎么呼吸呀？"

还真是这样。他只知道鱼是靠鳃来呼吸水里的氧气的，但却没有想到过氧气气体会溶解在水里。

他有点发窘，赶紧转移话题："那么，我们现在也是用酒发酵后产生的二氧化碳来制造碳酸饮料的吗？"

"当然不是。酒发酵时产生的二氧化碳气体量很少，难以收集利用。做实验的时候，通常是在酸溶液中加入石灰石，制造出实验所必需的二氧化碳。其实我们在家里也能很方便地制造二氧化碳。"

"在家里还能制造二氧化碳？"

"嗯，你不是也试过吗？"

圭丽不知道摁了什么按钮，宇宙飞船前部出现了画面，从前的英实再次在画面中露面了。

看了一会儿，英实想起来了，那时他因为做这个实验，还被妈妈揍了一顿屁股。

英实不明白，为什么两人正在讨论二氧化碳的问题，圭丽却突然给他放映这个画面。她是在捉弄我吗？

"你为什么让我看这个呢？"

"你记得不记得，做这个实验的时候，浸泡在食醋里的鸡蛋表面冒出了气体？"

"记得啊！对了，那就是二氧化碳吧？哈，原来我也制造过二氧化碳气体。二氧化碳能够制造出碳酸饮料，真是神奇的气体。"

"对。不过，也正是因为这种神奇的气体，金星的处境可不太妙啊！金星表面的温度高达 500℃，滚烫滚烫的。虽说比起地球金星距离太阳更近，但二氧化碳也是一个很重要的原因。二氧化碳是一种温室气体。你有没有听说过地球变暖现象？"

"听说过。在我生活的 2015 年，全球变暖现象也非常严重，地球上的冰山每年都在融化。不知道现在的地球怎么样了？"

"值得庆幸的是，全球变暖带来的危险基本上都已经消除了。因为我们现在不再使用石油、煤炭等化石燃料，基本上都使用太阳能。"

"这么说，石油、煤炭燃烧的时候，会产生许多二氧化碳？"

"对！人类不使用化石燃料，地球变暖现象也就不再发生了。"

"呵！想想可真可怕，如果地球上的人们一直使用石油、煤炭，地球可能会变得像金星那么热！"

"古代的人们看到金星发出的美丽光芒，把它叫做'维纳斯'，维纳斯是古代罗马神话故事中美的女神。但是后来了解到金星的实际情况以后，又觉得金星简直就像圣经里所描述的地狱那么可怕。"

## 第四课

那天晚上，美丽的李罗英老师照例又来给英实上课了。

"英实，你好啊！今天是不是去金星了？"

"咦！您是怎么知道的？"

"这点本事对我来说，是最基本的了。你觉得金星怎么样？"

"比水星漂亮多了，不过据说是个很可怕的地方。"

"对！金星表面温度非常高，还会下起硫酸雨，环境十分恶劣。英实，你知道金星的温度为什么会那么高吗？"

英实得意洋洋地说："知道，是因为二氧化碳嘛！金星大气的主要成分是二氧化碳，二氧化碳的温室效应使金星变得非常热。"

"没错，金星大气中的二氧化碳使金星表面温度达到 500℃，是个火热的地狱。水星距离太阳更近，它的最高温度也只不过 430℃。金星离太阳很远，温度却这么高，可见温室效应造成的后果有多么严重。"

"是啊！二氧化碳真是太可恶了。"

"二氧化碳本身并不是什么坏东西，要是空气中没有二氧化碳，我们就无法呼吸了。"

"没有二氧化碳为什么不能呼吸？"

李罗英老师露出哭笑不得的表情，只见她把手一指，画面又出现了。

"植物利用二氧化碳进行光合作用，产生我们呼吸所需要的氧气。所以，如果没有二氧化碳，植物就不能产生光合作用，也就不能为我们制造氧气，我们当然无法呼吸了。"

　　"啊！原来是这样。也是，如果没有二氧化碳，可乐就不会冒气，没那么好喝了，看来二氧化碳不全是坏的。对了！老师，圭丽跟我说，有个叫普利什么的人是第一个制造出二氧化碳的人，她只跟我说了个大概，您跟我详细说说吧！"

　　"是普利斯特里。圭丽已经说过了吧，普利斯特里把二氧化碳溶解在水里，制造出了碳酸饮料？"

　　"对！不过，普利斯特里是一开始就知道二氧化碳溶解在水里会产生刺激的味道吗？"

　　"不，他起初也不知道。他住在酿酒厂附近，无意中发现酒发酵时会产生二氧化碳。在研究二氧化碳的性质的过程中，他试着把二氧化碳溶解在水里品尝了一下，发现口味非常特别。"

　　"真了不起。第一个发现什么的人，最值得尊敬。"

　　"对。不过普利斯特里在做这个实验的过程中，却遭到了人们的误解。"

　　"什么误解？"

　　老师把头转向墙壁方向，那里立刻出现了画面。

42

"哈！原来还有这样的故事，真好玩。普利斯特里牧师经常在晚上跑到酿酒厂去做实验，脸红红地出来，结果被人误会他在那里偷酒喝。"

"是啊！这个牧师很棒吧？历史上有不少著名的科学家都是圣职者。从豌豆中发现基因定律的孟德尔就是一位神父。他在修道院的庭院里种植豌豆，发现了基因定律。"

"哇！科学家有牧师、有神父，那有没有和尚僧人呢？"

"这个嘛，我还真不知道。"

"还有老师都不知道的吗？"

英实淘气的问话让老师闹了个大红脸。

"你可真调皮，捉弄起老师来了。好了！我要提问了。为什么燃烧的木块靠近酒桶的时候就会熄灭呢？"

"那是因为酒桶附近有许多二氧化碳。"

"为什么酒桶附近会有许多二氧化碳？"

对呀！气体应该很快分散在空气中才对，为什么大量的二氧化碳会聚集在酒桶周围呢？

这时，英实突然想到了热气球。

"热气球里面的空气比外面的空气轻，所以热气球能够飞上天。那反过来，是不是二氧化碳比空气重，所以不会在空气中分散，而是集中在酒桶周围呢？"

"嗯，真聪明，都学会融会贯通了。英实真是个好学生。"

听了老师的夸奖，英实不禁得意起来。

老师接着说道："二氧化碳比空气重，所以可以用做灭火剂。在你生活的年代，二氧化碳灭火器十分常见。"

"二氧化碳还能用在灭火器上？"

"你知道燃烧需要氧气吧？由于二氧化碳比空气重，会下沉，阻断空气的供应，所以能够达到灭火的效果。"

"原来学校和小区里的红色灭火器里面装着二氧化碳呢！我看见过灭火器工作的时候会喷出白色的泡沫。"

"那白色的泡沫里就含有二氧化碳。"

"看来二氧化碳的用途还挺广泛。对了，包装冰激凌蛋糕用的干冰也是用二氧化碳做成的吧？目的是为了不让冰激凌蛋糕融化。"

"对！干冰是二氧化碳冷凝而成的，温度很低，经常用于冷藏冰激凌蛋糕。舞台上的烟雾效果也要用到二氧化碳。"

"老师知道得可真多呀！对我生活的年代也很了解。跟着您上课，我有时都会忘了自己现在已经在2115 年的新社会了。干冰现在还常用吗？"

　　老师微笑着回答说："现在我们已经不再使用干冰了，因为太麻烦。我们发明出了一种简单的装置来包装冰激凌、制造舞台效果。我之所以常常提到过去的事，是为了便于你理解，你毕竟生活在 21 世纪。我的大脑里储存着各个年代的数据。"

　　"啊！原来如此。"

　　那天晚上，英实梦见自己坐在一个巨大的酒桶上，美滋滋地喝着甜甜的可乐。

## 英实整理的笔记

1. 气体在水中的溶解：许多气体能够溶解于水。
2. 产生二氧化碳的反应：
   - 大理石与稀盐酸。
   - 贝壳与稀盐酸。
   - 鸡蛋壳与食醋。
   - 碳酸氢钠与食醋。
3. 二氧化碳的性质：
   - 无色、无味的气体，比空气重。
   - 会使火熄灭。
   - 使石灰水变得浑浊。
   - 是植物进行光合作用所必需的气体。
   - 是温室气体，引起全球变暖现象。
4. 二氧化碳的应用：

广泛用于制造碳酸饮料、干冰、灭火器等。

哇，真大呀！

### 红色的行星——火星

🍪 **第五天**

　　这天，圭丽和英实坐着宇宙飞船向火星出发。距离火星越来越近了，英实突然想起了以前在电影中看到的外星人。小时候看的科幻电影里，外星人大多是攻击地球人的坏蛋，其中出现得最多的就是火星人。

　　"火星上到底有没有火星人呢？"

　　"火星人？你说的是以前经常在电影里出现的怪物外星人吗？像章鱼一样长着好几条腿的那种。"

　　"是啊！我看过许多关于火星人入侵地球、同地球人大战的电影。"

　　"地球人首次到火星上勘探时，那里还是一个未开拓的世界。现在火星早已成为第二个地球了。"

　　"火星成为第二个地球？这怎么可能呢？"

　　"不久前地球上爆发了一场大战，许多地球人都移居到火星上去了。待会儿你就能亲眼证实了。"

　　圭丽熟练地拉了一下驾驶舱里的变速杆，宇宙飞船开始逐渐减速。火星越来越清晰地呈现在他们眼前，却同英实从前在照片里看到的火星截然不同。火星表面建起了一座美丽的圆顶城市。

　　城市外面是灰尘满天的荒凉之地，城市里面倒是干净整洁、生机勃勃。英实心里想着，宇宙飞船已经进入城市的升降台，稳稳地着陆了。

"哇，这里可真大呀！"

英实从宇宙飞船里下来，看到城市内部的景观，不禁为其宏大的规模赞叹不已。远远望去，城市显得并不那么大，但走进来才发现这里高楼大厦鳞次栉比，来来往往的行人川流不息，俨然是个现代化都市。

英实和圭丽坐进升降台上配备的小飞艇，开始游览城市内部。这个城市是完全封闭的，外面笼罩着用透明材质制成的巨大的圆形顶棚，阳光十分充沛，显得城市格外明亮。

"城市里一切都是自给自足的，就连动植物呼吸所需要的气体也是自行供给的。城市里的植物通过光合作用制造出氧气，被污染的气体通过自动净化装置被净化或排放到城外，城市里的大气和地球一样，始终维持着氮气和氧气 4 比 1 的比例。"

"什么？氧气在空气里的比例才 20%？既然能够自给自足，为什么不让这座城市充满新鲜的氧气，还要加上那么多氮气呢？"

"英实呀，你的脑袋不是装饰品，是要用来思考的！好好想一想，如果只有氧气会怎么样？"

英实怎么也想不明白，只有氧气不是更好吗？

"看来你还是答不上来，好吧！我给你个提示。氧气有什么特点？"

"唔，氧气是动物呼吸所必需的气体，还有，唔……对了，氧气还能帮助燃烧。"

"这都知道，那怎么还不明白为什么城市里需要氮气呢？"

英实好像想到了什么，但还是说不出个所以然。

"好吧！再给你一个决定性的提示。我们来看看氧气被发现的过程，你就能明白了。"

"氧气是谁发现的呢？"

"这个说起来有点复杂。因为舍勒、普利斯特里、拉瓦锡都争着说自己是第一个发现氧气的人。"

"那最后的胜利者是谁呢？"

"普利斯特里。"

"啊？酿酒厂的牧师？"

"对，就是他。我们去金星的时候，我给你讲过关于他的故事，还让你好好记住他的名字，对吧？"

"嗯。那他到底是怎么发现氧气的呢？"

"急什么？待会儿回到家里，你最喜欢的李罗英老师会告诉你的。"

"我现在就想知道嘛！明明知道我心急，还故意卖关子。"

"那好吧，这次就由我来教你吧！"

英实对画面突然在眼前出现已经习以为常，专注地观看起来。

"怎么样，现在你明白为什么城市里不能只有氧气，还必须要有氮气了吧？"

英实这下才明白空气中氧气只占 20% 的原因。

"嗯。把快要熄灭的蜡烛放进充满氧气的容器里，蜡烛会燃烧得很旺，氧气越多，就越容易燃烧，如果大气中 100% 都是氧气，可怜的 119 消防员叔叔们就没有办法把火扑灭了。"

"如果大气中 100% 都是氧气，要是发生一次火灾，这个城市恐怕就会化为灰烬了。我们生活的地球也是如此。"

"对！幸好空气中并不是 100% 都是氧气。大自然真是神奇，连这一点都能预想到，把氧气和氮气的比例维持得这么合适。"

### 第五课

一回到家，老师就笑着迎了上来。

"今天你们去火星了吧？"

"嗯。火星的变化太大了，非常好玩。没想到 100 年时间里科学发展得这么快！"

"你是第一次看到火星的新面貌，当然会觉得新奇了。对了，你在火星上学到了什么呢？"

"唔，我知道为什么火星城市不能只有氧气，还必须要有氮气了，还知道普利斯特里是第一个发现氧气的人。"

"啊，这么说今天老师没什么可教你的了？"

"别伤心，老师，我也想模仿普利斯特里做一个实验，把太阳光聚集起来，把快要熄灭的蜡烛或老鼠放进去。您能帮我找找实验用品吗？"

"你需要什么呢？"

"首先是能够产生氧气的氧化汞，还有直径 30 厘米的望远镜，还有……"

"你是要重做一遍普利斯特里的实验，还是想制造氧气呢？"

"制造氧气。"

"现在我们早就不用普利斯特里的方法来获得氧气了。"

"是吗？那怎么做？"

"用几种化学药品，就能很方便地制造出氧气来。制取氧气时最常用的药品是过氧化氢。"

"过氧化氢？"

"你有没有擦过那种一抹到伤口上就会产生白色泡沫的消毒药水？它的主要成分就是过氧化氢。在过氧化氢中加入催化剂，会使它发生分解，产生氧气。对了，还能把水进行电解。水的分子式是 $H_2O$，是由氧原子和氢原子构成的，把水进行电解时，正极就能收集到氧气了。"

"这是最简便的方法吗？我一个人做这个实验，还是有点困难吧？有没有更好的方法呢？"

"你可真懒。要说获得氧气最简单的方法，那就是买一个氧气罐了。"

"哇，这个主意好，我喜欢！不过，氧气罐里的氧气也是由过氧化氢分解或水的电解产生的吗？"

"不是，工厂在大量制取氧气的时候，使用'分馏'的办法。"

"分馏？这是什么意思？"

"首先将空气的温度降至零下200℃，使它变成液态。然后把温度提高到零下183℃，这个温度是液态氧气的沸点，此时氧气就气化为气体，从空气中分离出来了，这种方法叫做'分馏'。将分馏得到的气体氧气装入罐中，就制成了氧气罐。"

"老师，空气中那么多氧气到底是从哪儿来的呢？不会是远古时代恐龙制造出来的吧？"

"空气中的大部分氧气是由植物制造的。植物受到阳光照射，会进行光合作用，产生氧气。所以，对于大自然中的一草一木，我们应该怀有感恩之心。有了它们，我们才能尽情地呼吸。"

英实想起了自己房间里快要枯萎的花，心想：我得赶紧给它浇水去。

**英实整理的笔记**

1. 氧气的产生
- 过氧化氢与二氧化锰（催化剂）发生反应，会产生氧气。
- 水经过电解后，在正极产生氧气。

2. 氧气的特点
- 无色、无味。
- 氧气能够帮助物质燃烧。
- 氧气是生物呼吸所必需的气体。
- 空气中含有 21% 左右的氧气。
- 氧气不易溶解于水。

3. 氧气的应用：生物呼吸，金属的焊接与切割，火箭燃料，潜水员、宇航员、登山者、重症患者的呼吸装置等。

哇，地球可真美！

### 第六天

今天英实和圭丽决定去观察地球。他们乘坐宇宙飞船，从外部仔细地观察了地球。远远望去，地球像一个玻璃球，散发着幽暗的蓝色光芒。

英实心想，怪不得以前有个著名的天文学家把地球称为"暗淡蓝点"（pale blue dot）呢。

看到"航海者1号"太空船离开太阳系时拍摄的地球照片，美国著名天文学家卡尔·萨根得到灵感，写成了《暗淡蓝点》一书，告诉人们保护我们生存的家园——地球是多么地重要。在浩瀚的宇宙、无数的行星中，地球显得那么脆弱，似乎一碰就会破碎。

"你在想什么呢？"

"嗯？没什么。"

我很美吧？要好好爱惜我哦！

　　"撒谎！瞧你的表情那么严肃。"

　　"是吗？不是严肃，是想起了以前读过的一本书，意识到地球是多么宝贵。"

　　"嗯，地球的确是非常宝贵的。"

　　说到地球，英实就想起了心里一直解不开的一些谜团。既然现在科学这么发达，这些问题说不定早就已经有答案了。

　　"我不明白的是，为什么只有地球上才有生命体存在？"

　　圭丽赞赏地点点头。英实能够提出这个问题，很不简单呢！

　　"这个问题提得好，不过至今还没有准确的答案。科学家们已经证实的一点是，地球有一层能够保护生命体的保护膜，这是生命体能够在地球上存活的一个重要原因。"

"什么保护膜？"

"你听说过臭氧层吗？"

"臭氧层？当然知道了。因为臭氧层空洞的缘故，每天都要擦防晒霜，可烦人了。对了，这么一说我想起来了，从冷冻状态苏醒过来以后，我还从来没用过防晒霜呢！"

"臭氧层就是地球的保护膜，能够吸收致命的紫外线，保护地球和生命体。其他行星上没有臭氧层，紫外线就不会被阻隔。现在臭氧层早就已经恢复了，大家都不需要擦防晒霜了。"

"我听说氟利昂（氟氯烃，CFC）是破坏臭氧层的元凶，看来现在的人们都不使用氟利昂了吧？"

"对。氟利昂是 20 世纪最糟糕的发明之一。"

"臭氧层能够恢复，真是太好了！"

英实又想到一个问题：因为臭氧层的存在，所以生命体才能在地球上生存，但即使有了臭氧层，如果没有氧气，生命体也活不了吧？

"等一下，地球上有生命体，真的只是因为臭氧层的缘故吗？"

"呵呵，你越来越聪明了！臭氧层当然不是唯一的原因。生物生存需要很多条件，动物呼吸需要氧气，植物进行光合作用需要二氧化碳，要合成蛋白质还需要氮气。"

"我明白了！地球空气中有氧气、二氧化碳、氮气等气体，所以生命体才能存活！"

英实由衷地感觉到，地球可真是了不起，既有臭氧层保护，又有维持生命所必需的各种气体，看来我们真得好好保护地球才对啊！

## 📚 第六课

圭丽和英实刚回到家，老师就迎了上来。

"今天你们去哪儿了？"

"我们在宇宙空间里观察了地球。"

"是吗？那么今天是我们的最后一课了。"

"真的？"

"对。地球是你们行星探险的最后一站。在太阳系的行星中，和地球比较相似的行星你们都已经去过了。其他行星气体成分太多，宇宙飞船很难着陆。刚才医院也来电话了，好像又有个小孩像你一样从冷冻状态中醒了过来，以后我要去教那个孩子了。"

英实心里怅然若失，但并没有说出来。他很理解那个刚刚苏醒的孩子的心情，确实需要老师去帮助他。想到以后自己不用再学习了，又忍不住暗暗高兴。

老师好像看出了英实的心思，笑着说："我不再教你，并不意味着你可以停止学习了。说不定接下来还会有另一个老师来教你。"

"啊？这太过分了！这几天我学得多认真……"

老师拍拍英实的肩膀，说："好了，我们开始今天的学习吧！从远处观察地球，你想到了什么呢？"

"我觉得我们真应该感谢地球。"

"是吗？为什么呢？"

"因为太阳系的行星之中，只有地球才有生命体嘛！"

"那你知道这是为什么吗？"

"嗯，有好多种原因，今天我知道了臭氧层的作用。"

"对，臭氧层是地球宝贵的保护层。"

"我生活的 2015 年因为臭氧层出现空洞，大家出门都要擦防晒霜，但听说现在没事了。"

"对，人们早就不再使用氟利昂了。不过臭氧层的恢复还是经过了很长时间。"

英实有些不解。既然臭氧层是被氟利昂破坏的，那么停止使用氟利昂，臭氧层应该马上恢复才对呀！

"不使用氟利昂，臭氧层不就很快恢复了吗？"

"要是这样该多好啊！"

老师话音刚落，画面又在他们面前出现了。

　　"氟利昂在紫外线的照射下能分解出氯原子，一个氯原子并不是只破坏一个臭氧分子就消失了，而是会持续破坏臭氧。你猜猜看，一个氯原子能够破坏几个臭氧分子呢？"

　　"嗯，50个？"

　　"一个氯原子可以破坏足足10万个臭氧分子。所以，排放一次氟利昂，臭氧层会在很长时间内遭到破坏。"

　　"真可怕！那么，人类有没有为破坏臭氧付出代价呢？"

　　"幸好经过努力，没有造成致命的问题。当然，有一些人和动物还是受到了影响。"

英实很喜欢动物，一听到这里就马上追问道："动物也会受到紫外线的影响吗？"

"当然了！紫外线对所有生命体都是有害的。以前在南美洲的一条山间公路上，经常出现成群结队的兔子，造成了不小的骚乱。"

"兔子为什么会在公路上跑？很容易被车撞到，多危险呀！"

"是啊！当地人也觉得奇怪，他们对兔子进行了检查，发现这些兔子的眼睛几乎全瞎了。"

"啊？瞎眼的兔子？"

英实的脑海里顿时出现了一只带着黑色墨镜的兔子爷爷带领着一群瞎眼的兔子，成群地在马路上行走的画面，那情景既可怜又可笑。

"那么多兔子不可能都是天生眼盲的，所以学者们对造成他们瞎眼的原因进行了研究。你知道是什么原因造成兔子突然集体失明吗？"

"难道是臭氧层被破坏的缘故？"

"猜对了！这些兔子生活在高山地带，比起地势低矮的地方，那里的紫外线更强，兔子的眼睛对此非常敏感，受到伤害后就会双目失明。"

"原来是这样。那么，我们平时戴墨镜也是为了保护眼睛了？"

"对，人的眼睛也会受到紫外线照射的影响，戴上墨镜可以起到保护的作用。"

英实想起圭丽姐姐总是不把墨镜戴在眼睛上，而是像发带一样戴在头上。

女人可真是奇怪，为什么要把墨镜当发带使呢？

老师的最后一节课结束了。那天晚上，英实做了一个梦，梦见自己和把墨镜戴在头上当发带的老师一起在游乐场里玩。

## 英实整理的笔记

1. 臭氧层
- 阻断太阳的有害紫外线，保护地球上的生命体。
- 氟利昂（CFC）破坏了臭氧层。

2. 臭氧层被破坏的影响
- 加速皮肤老化，破坏基因（DNA），诱发皮肤癌、白内障。
- 海洋里的浮游生物死亡，食物链被破坏，鱼类数量减少。

3. 臭氧层保护对策：减少氟利昂的使用，开发替代物质。

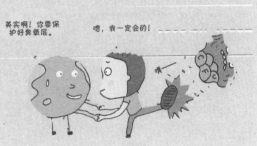

英实啊！你要保护好臭氧层。

嗯，我一定会的！

去游乐场玩喽!

### 第七天

这天一大早，英实和好不容易在家休假的崔博士一起吃饭。

"早上好！曾爷爷。"

"你好！"

"今天我休假，您想不想去哪儿玩？"

英实想起了昨天晚上梦见的游乐场。

"那就去游乐场吧！"

"游乐场？"崔博士愣住了。

一旁的圭丽说："爸爸，以前地球上是有这种地方的。"

看来英实记忆中的游乐场早已消失了。

　　"如今都时兴'虚拟体验'，已经没有游乐场了。不过为了保存历史遗迹，爱宝乐园被保留了下来。这几年兴起了复古风，所以又有许多孩子到那里去玩。爸爸，我们今天也去那儿吧！正好英实也想去。"

　　"曾爷爷，您想去爱宝乐园吗？"

　　"嗯，那是以前我和爸爸妈妈常去的地方。"

　　吃过早饭，英实就和崔博士、圭丽一起去往地球遗迹保存区域。到了那里一看，排着长队的孩子们、卖气球和棉花糖的大叔、旋转木马、小火车……一切都是英实记忆中熟悉的场景。

　　"哇，和以前一模一样呢！"

　　"是吗？我们也去排队吧！"

三个人排了很长时间的队，才买到票，进入爱宝乐园。刚一进门，英实就注意到一个卖气球的叔叔。

以前爸爸每次来，都会给我买气球……

崔博士好像看出了他的心思，说："曾爷爷，我给您买个气球吧？"

圭丽不屑地说："还买气球呢！真幼稚，又不是十岁的小孩。"

"什么幼稚呀！"英实不服气地说。

"那你回答我一个问题，要是答对了，我就让爸爸买气球给你。"

"好啊，你出题吧！"

"气球里是什么气体？"

"你太小瞧我了吧？当然是氦气了！"

"厉害！"

两人正说着，崔博士买了一把气球走过来了。

"曾爷爷，给您气球。"

英实瞥了圭丽一眼。

圭丽说："我再出一道题。人吸入氦气以后会怎么样？"

"嗯？这我倒不知道。"

圭丽得意洋洋地说："吸入氦气的话，声音会变得尖声细气，不信你来试试，可好玩了。"

英实赶快解开一个气球，用力呼吸里面的氦气。

"好了，够了，别吸得太多，说不定你会因为氧气不足而晕倒的。真是无知者无畏呀！"

"无知？你说谁无知？"

"哈哈，你的声音真好玩！"

英实的声音变得像鸭子一样，圭丽和崔博士都捂着肚子大笑起来。

笑过之后，崔博士才开始解释这种现象的原因。

"这叫做'唐老鸭效应'，您知道为什么会出现这种现象吗？"

"不知道。"

"声音在氦气中传播的速度和在空气中传播的速度是不一样的。由于氦气的密度比空气小得多，声音会被更快、更大地传到我们的耳中。不过别担心，过一会儿您的声音就会恢复正常了。"

正如崔博士所言，片刻过后，英实的声音恢复了原样。

"终于是我自己的声音了，我的声音多好听。"英实高兴得直蹦。

"又来了。"圭丽吐了一下舌头。

一不留神，英实手里的气球都飞上了天空。

"哎呀！"

英实急得直跳脚，伸手想去抓住气球，但气球在空中越飞越高，连崔博士也够不着了。

"好可惜呀！气球干吗都要往上飞呢？"英实唉声叹气。

"气球都是往上飞的？真的吗？"

"可不是吗？都飞上天了。"

圭丽抓住了他的话柄，连珠炮似地说："你吹过气球吧？用嘴吹或用气筒打气，把气球吹起来以后，有往天上飞吗？"

英实仔细一想，还真是，吹足了气的气球不但不会飞上天，还会掉到地上。

"那你想过没有，为什么充满氦气的气球会往天上飞？"

"那是因为氦气很轻呗！"

"氦气比什么轻呢？"

"比空气轻啊！这跟热气球飞上天的原理不是一样的吗？"

"嗯，没错，氦气是比空气轻，准确地说，是氦气的密度比空气小，所以充满氦气的气球才会飞上天。你看到那边的广告气球没有？那里面充的也是氦气。"

英实突然想起来，除了氦气以外，还有一种气体比空气轻。他记得以前在学校的时候，老师曾经做过往气球里充满氢气后让它飞上天的实验。

"等一下，氢气是不是比氦气还要轻啊？"

"你还知道氢气？"

"又来了，就会小看人。以前我们老师做过氢气球的实验。"

"看来你从老师那儿学了不少呀！"

"当然了，我还给老师当助手，和他一起做实验呢！"

"是这样吗？"

眼前突然出现了画面，是以前英实学校科学实验室里的情景。

英实现在越来越喜欢画面了，每当他们需要的时候，画面就能随时随地地出现，真是太方便了。

英实已经习惯了在画面中看到自己从前的模样。

"导火线其实就是一根纸做的细绳。我负责在放飞气球以前把纸点燃。气球一直往天花板飞去，纸条一烧完，气球就发出'嘭'的一声爆炸了，声音大得吓人。"

英实对当时的情景记忆犹新。气球爆炸的声音把实验室震得嗡嗡响，孩子们都吓得惊叫起来。

"就是因为这样，所以我们不使用氢气球。氢气太容易爆炸了，很危险。无论是孩子们玩的气球还是广告用的气球，里面充的都是氦气。"

画面消失了，一直在旁边静静听着两人交谈的崔博士慢悠悠地说："其实过去有一段时期，氢气飞艇曾一度被当做重要的交通工具。但后来，兴登堡号飞艇在空中爆炸起火，很多人在事故中丧生，氢气飞艇时代就此结束了。"

"但氢气确实是比氦气轻吧？"英实问。

"是的，曾爷爷。"

英实真想再做一次氢气球的实验。虽然知道这实验具有一定的危险性，但他还是鼓起勇气问："我能不能再做一次氢气球实验呢？"

"这太危险了！您不能一个人做实验，但可以和圭丽一起做。"

英实其实很想自己独立完成实验，但圭丽却高兴地喊起来："好啊好啊！爆炸试验一定很好玩。要准备些什么呢？英实，实验需要什么工具？"

"唔，首先要制造氢气，不过我不记得当时使用什么化学药品了。"

英实努力地回想，却怎么也想不起来。

如果能想起来，就能在圭丽面前扬眉吐气了……

圭丽好心地提醒他："那你就说说看，大概是怎么做实验的。"

"好像是在盐酸还是硫酸的液体里加入一种金属颗粒……"

"啊！你这么说我就明白了，爸爸，是把金属与酸发生反应时产生的氢气收集起来吧？那准备盐酸和镁就行了吧？"

"对。圭丽，明天你们俩到爸爸的实验室里一起做实验吧！"

一听到可以做爆炸试验了，英实很高兴。趁此机会，是不是也可以做一做氢气以外其他气体的实验呢？

"博士，除了氢气以外，还有什么其他气体会发生爆炸吗？"

"除了氢气以外，甲烷、丁烷、丙烷、乙炔等气体都很容易发生爆炸。可燃性气体都会爆炸。"

"那 LPG 会爆炸吗？好像我听说过爆炸事故。"

"你所说的 LPG 是液化石油气（Liquefied Petroleum Gas）的缩写，是丙烷、丁烷等的混合物。这两种气体都会燃烧，所以 LPG 当然会爆炸。"

以前英实家的车就是以液化石油气为燃料的。当时，因为液化石油气对环境的污染比柴油小，所以被称为绿色燃料。英实想起了爸爸曾经开过的车。

这会儿爸爸的车应该早就进博物馆了吧？

"气体燃烧时会释放出大量的热，所以广泛用于燃料，如液化石油气、氢气等。"

一旁的圭丽插话说："英实，我们明天试试把所有能制造出来的气体——充进气球，进行爆炸试验吧！看看哪种气体会爆炸得最猛烈。"

"好主意！明天一定要试试。"

看着英实和圭丽兴奋的样子，崔博士慢悠悠地说："曾爷爷，我们是不是该去玩了？再这么说下去，一天都过去了。"

英实这才回过神来。就是，我们到游乐场干吗来了？赶紧玩儿去吧！

"博士，你怎么现在才说呢？圭丽，咱们快走吧！"

那天，英实和圭丽、崔博士在游乐场痛痛快快地玩了一整天，连晚间节目都没有错过，最后精疲力竭地回到家。

## 英实整理的笔记

1. 氢气
- 镁块或锌块与稀盐酸发生反应，产生氢气。
- 氢气燃烧时不产生公害物质，被称为"绿色燃料"。
- 氢气的性质
  - 无色无味的气体，比空气轻。
  - 碰到火花极易燃烧和爆炸。
  - 是氢能汽车、氢燃料电池的燃料。

2. 氦气
- 非常轻的气体，仅次于氢气。
- 比空气轻，性质较稳定。
- 气球注入氦气后，能够飘浮在空中。

3. 液化石油气（LPG）：常见的家用燃料。

### 第八天

　　吃完早饭后，英实和圭丽来到崔博士的实验室。可实验室大门紧闭，上面还贴着"禁止进入实验室"的纸条。

　　"这是怎么回事？崔博士不是已经同意我们今天到实验室做实验的吗？为什么今天禁止进入呢？"

　　"真的很奇怪。你在这里等一下，我去找爸爸。"

　　圭丽跑去找崔博士了。英实百无聊赖地在实验室周围转悠。这时，他注意到有一间实验室的大门上挂着"冷冻人保管所"的牌子。

冷冻人保管所，是不是就是我沉睡了100年的地方呢？

他真想进去看一看，但入口处用红色大字醒目地写着"除相关人员以外禁止进入"的字样。

英实按捺不住自己的好奇心，在门口探头探脑。突然，有人拍了一下他的肩膀。他吓了一大跳，回头一看，原来是圭丽。

"英实，你在这里干什么？"

"啊，没什么，到处随便看看。"

圭丽看了一眼他身后的实验室，问："你是想进去看看吗？"

眼看自己的心思被圭丽一语道破，英实慌忙说："不不，唔……我，我只是好奇自己是冷冻人的时候到底是什么样的……"

圭丽指着门上的红字说："你没看到这里写着'除相关人员以外禁止进入'吗？"

"当然看到了，可是……"

"英实，你绝对不能进这个实验室。爸爸正在开会，这会儿会议快结束了，我去接他，你好好在爸爸的实验室外面待着，别到处乱跑。"

圭丽去接崔博士了。虽然临走前她嘱咐英实绝对不能进冷冻人保管所，但英实的好奇心却越来越强烈。

就进去看一眼又能怎么样？我什么也不碰、什么也不动，拿眼睛看看就出来。我先试试能不能打开门，如果打不开就算了。

英实飞快地环顾了一下四周，确定没有旁人，这才小心翼翼地转动了一下门把手，没想到门一下子就打开了。

他走进房间，黑暗中传来一个声音："请伸出您的右手。"看来这是自动确认进入者身份的系统。

英实按照指示伸出右手。过了一会儿，他觉得手上一阵刺痛，抬起来一看，一个手指上出现了一滴血。

这是什么？怪不吉利的。

突然，四周红灯闪烁，有个响亮的声音在耳边响起：
"警报！发现入侵者！警报！发现入侵者！"

眼前一下子灯火通明，许多人不知从哪儿跑了出来，抓住英实，并把他带到崔博士面前。

"您为什么进那个实验室呢？"崔博士问。

英实用低得几乎听不见的声音说："我想看看冷冻人。"

崔博士笑着说："想看的话要提前跟我说呀，干吗像小偷一样偷偷摸摸进去呢？好了，现在我来当您的向导，带您参观一下吧！"

圭丽狠狠地瞪了英实一眼，英实赶紧跟在崔博士后面往前走。

过了一会儿，他们来到"冷冻人保管所"门前。四周冷飕飕的。

"这里好冷。"

"当然，冷冻人就是在极低温状态下保存的人，为了达到这个目的，我们使用了温度很低的液体氮气。"

"液体氮气？那是什么呢？"

"你知道空气的成分中什么气体最多吗？"

圭丽突然插了一句："那当然是氮气了。"

"圭丽反应真快。空气中的主要成分是氮气，液体氮气就是把空气中的氮气制成液体状态，温度可以达到零下196℃。"

零下196℃是什么概念呢？英实很茫然。

用手接触零下78℃左右的干冰，手就会被冻伤。零下196℃的话，到底是有多冷呢？真是难以想象。

"感觉非常非常冷啊！"

"是的。保持这么低的温度，人体的所有反应才会瞬间停止。"

"就像冬眠的动物那样？"

"差不多吧。冷冻人就是从冬眠的动物那里得到灵感，研究出来的技术。"

"液体氮气很贵吗？"

"不那么贵，因为空气中本来就有很多氮气。"

"空气中有多少氮气呢？"

"空气中的氮气大约占78%。如果空气是100个，那其中的78个就是氮气。"

"那剩下的22个是什么呢？"

"英实，你太笨了，当然是氧气了。"圭丽说。

"圭丽的话并不全对。22个中的21个是氧气，还有1个是氩气、氦气等气体。"

"我有个问题。空气中的氮气和氧气是混合的，那么怎么把氮气收集起来，制成液体氮气呢？"

崔博士微笑着说："这个嘛，首先要充分降低空气的温度，使它变成液体，然后再慢慢地升高温度。氮气的沸点比氧气低，所以氮气先沸腾并分离出来。把氮气收集起来，再制成液体，就能得到液体氮气，用来浸泡冷冻人了。曾爷爷，您不久以前也是像里面那些冷冻人一样，躺在液体氮气里沉睡的。"

分离氮气的过程怎么听着有点耳熟呢？哦，对了，氧气不也是用同样的方法进行分离的吗？

英实想起了李罗英老师上课时讲的分离氧气的过程。

他心里暗暗提醒自己，以后可不能再忘记了，这叫做"分馏"。

英实看了看静静躺在那里的冷冻人，想到自己也曾是他们之中一员，心情十分微妙。

圭丽用胳膊肘碰了碰他，说："现在我们该去做气体爆炸试验了吧？"

## 我们是一家人

实验室里已经准备好了各种化学药品和器具。

现在我要好好露一手啦！英实心想。

过了一会儿，实验室里发出"嘭"的一声巨响，英实脸色苍白地跑了出来。

"崔、崔博士，不好了，圭丽想杀我！"

"您说什么？曾爷爷，您先冷静一下，到底发生什么事了？"

"圭丽想用炸弹杀死我。"

"怎么会呢？"

崔博士摇摇头，表示不相信。

"要是不信，你进来看看。"

英实拉着崔博士走进实验室。

他们看到一个庞大的气球，上面系着的导火线已经快烧完了。

"你看，圭丽往气球里充了那么多的氢气。"

英实话音刚落，传来一串震耳欲聋的爆炸声，整个实验室都差点被掀翻了。

圭丽和崔博士本能地捂住耳朵，卧倒在地。过了一会儿，两人回过神一看，英实倒在地上，昏迷不醒。

圭丽和博士使劲地摇晃他的身体，但他还是双目紧闭。

"爸爸，怎么办呢？看来他真的被我吓坏了。"

"我们把他带到诊疗室检查一下吧！"

两人商量着，没有注意到英实微微睁开了眼睛，心里差点没笑出来：等着瞧，圭丽，你竟敢这样吓唬我，我要好好捉弄捉弄你。

崔博士将英实抱到诊疗室后，在他身上插满了传感器，通过显示器确认各种数据。屏幕上出现了显示英实身体状况的一连串数字。

"还好，心跳等各种数值都正常。"

"真的吗？那他怎么醒不过来呢？"

过了片刻，崔博士终于意识到英实是在假装昏迷。他用手势把真相告诉圭丽，然后故意装出严肃的语气说："我仔细看了一下，他的情况很严重，需要采取急救措施。圭丽，快把那边的针管递给我。"

"爸爸，打一针他就会醒吗？这针可疼了。"

圭丽和崔博士一唱一和。

"疼也没办法，不过曾爷爷现在正在昏迷，应该不会觉得疼的。打完针后，我们再把他冷冻起来。打针仅仅是急救措施，按照目前的医学技术，他的病是治不好的。"

什么？他们都在说些什么呢？打针？把我再次冷冻起来？那可不行！

"不要！我没事，我在闹着玩呢！别给我打针，别把我冷冻起来！"

英实大叫着，从床上一跃而起，像子弹一样冲出门去。

崔博士和圭丽望着他的背影，捂着肚子笑起来。

"哈哈哈！"

"呵呵呵！"

那天晚上，天上的星星似乎特别多、特别亮。英实想起了早已离世的家人，望着天空喃喃自语："爸爸，我现在已经适应这里的生活了。崔博士对我很好，他没有儿子，我就给他当儿子吧！曾祖父成了儿子，是不是很搞笑？"

就在这时，一颗流星从天空中划过，仿佛是对他的回答。

"那是爸爸在跟我说话吗？太好了，我会在这里幸福地生活的，爸爸，您别担心，在天上守护着我吧！"

更多的流星纷纷坠落下来。英实望着绚丽的流星雨，心中充满了幸福。

"爸爸，我把时间掌握得正好吧？"

圭丽望着崔博士说。

原来是她利用电脑，在天空中上演了一幕流星秀。

"是啊！"

现在，崔博士、圭丽、英实成了幸福的一家人。

## 英实整理的笔记

1. 空气的成分：空气是由氮气（约78%）、氧气（约21%）、二氧化碳（约0.03%）等气体组成的混合物。

2. 氮气

- 性质：无色、无味、无毒，液体状态下的氮气温度极低。

- 氮气的应用：汽车安全气囊、食品包装、化肥、急速冷冻等。

"要不要我把你急速冷冻起来？"

"啊，又要冷冻我一次？"

北京市版权局著作权合同登记号：01-2013-5364

## 图书在版编目（CIP）数据

科学超入门，4：气体，气体，一起漫游太阳系！/
[韩] 田和英著；[韩] 五智贤绘；陈琳，胡利强，许明
月译.—北京：化学工业出版社，2014.8（2022.1重印）
ISBN 978-7-122-21111-8

Ⅰ.①科… Ⅱ.①田… ②五… ③陈… ④胡… ⑤许…
Ⅲ.①科学知识-青少年读物 ②气体-青少年读物
Ⅳ.①Z228.2 ②O354

中国版本图书馆CIP数据核字（2014）第142224号

责任编辑：成荣霞　　　　　　　　　文字编辑：王　琳
责任校对：徐贞珍　　　　　　　　　装帧设计：王晓宇

出版发行：化学工业出版社（北京市东城区青年湖南街13号　邮政编码100011）
印　　装：天津图文方嘉印刷有限公司
710mm×1000mm　1/16　印张 5½　字数 42.5千字
2022年1月北京第1版第10次印刷

购书咨询：010-64518888　　　　　　售后服务：010-64518899
网　　址：http://www.cip.com.cn
凡购买本书，如有缺损质量问题，本社销售中心负责调换。

定　　价：29.80元　　　　　　　　　版权所有　违者必究

科学充满想象，越读越快乐！

## 最**快乐**的科学书  第一辑

## 最**快乐**的科学书  第二辑